멀리 달을 보는 사람

김기찬 시집

시인동네 시인선 173

김기찬 시집

멀리 달을 보는 사람

시인동네

시인의 말

바닥의 높이는 얼마나 아득한가.

이제 겨우 뒷짐 지고 멀리 달을 보게 되었다.

2022년 4월
김기찬

차례

시인의 말

제1부

눈꺼풀이라면 몰라도 · 13

찻잔에 매화가 오면 · 14

참기름 비명 · 17

오월 · 18

매미네 철근공장 · 20

선퇴(蟬退) · 22

바닥의 높이 · 24

시골집은 안녕하시다 · 26

멀리 달을 보는 사람 · 28

밥심 거룩 · 30

겨울 수묵화(水墨畵) · 34

청양 · 36

우리 동네 매미는 모음으로 운다 · 38

노릇노릇 발록발록 · 40

제2부

나만 모르는 이야기 · 43

흰 방 · 44

오래된 집 · 46

씨 할 놈 · 48

어머니와 호박잎 · 49

축일(祝日) · 52

고요한 고요 · 54

눈으로 먹는 밥 2 · 56

씨감자 · 58

내 몸의 나뭇잎 · 60

집중하는 지렁이 · 62

나만 아는 이야기 · 64

요양병원 · 66

순례의 시간 · 68

제3부

36.5 · 71

부르면 대답할 거리에 두고 · 72

가을 골짜기에 적벽강을 들이고 · 74

너의 가을이 나의 봄에게 · 76

숯불 동백 · 77

누가 또 울러 간다 · 78

울지 못하는 것들은 다 산으로 갔다 · 80

변산 마실 길 · 82

미끈도마뱀 · 84

변산바람꽃 1 · 86

변산바람꽃 2 · 87

아내의 기도 · 88

나는 시간보다 빨리 간다 · 90

그대 이름에 밑줄 그으면 · 92

제4부

직소폭포 · 95

늙다리 총각 고 씨 · 96

격포(格浦) · 98

깨꽃 · 100

간지럼 타는 나무 · 102

화무십일홍 · 107

내 눈썹은 변산이다 · 110

매미와 초록 구두 · 112

구암리 고인돌 · 114

자갈들은 자갈자갈 웃는다 · 118

퇴고 · 120

지퍼 · 122

해설 인고(忍苦)와 수심(修心)의 시학 · 123
백인덕(시인)

제1부

눈꺼풀이라면 몰라도

육신이 빠져나간 영혼은 가볍다

그것을 몇천 년 동안 상징물로 보여주는 고인돌

그러므로 죽음은 돌에 가깝다

넓적돌을 보면 그 적막한 처소에 드러눕고 싶은 이유가 그것이다

그렇다고 지구만큼 오래된 한 생의 무게를 조약돌로 요약할 순 없지 않은가

눈꺼풀이라면 몰라도

찻잔에 매화가 오면

마음을 다치고 맘 조리 하느라
몇 년째 눈 시리게 매화를 들여다보지 못했다
한 사흘만 딱 사흘만 조용히 앓다가 일어나려 했으나
서너 알의 이빨이 사리처럼 쏟아졌다
그러는 사이 많은 것들이 안팎으로 나를 다녀갔다
뼈아픈 절망이 갔고,
치욕이 왔고,
증오가 갔고,
다시 악에 받친 분노가 치밀어 왔고,
 손가락이 길어질 대로 길어진 세상은 나를 죽일 놈으로 내몰았으므로
 해변에 밀려온 통나무처럼 마르거나 젖은 채로 한 시절을 견뎌야 했다
 한번 상한 마음을 다시 일으켜 세우기란
 한 주먹의 모래알을 씹기보다 한 말의 소금물을 마시기보다 어려웠으므로
 여러 해가 지나갔고 내색은 안 했지만 그녀의 말도 아프게 잊혀졌다

내 안의 침묵에 또 하나의 침묵을 더하는 동안에도
번쩍하고 등짝에 드릴이 지나갔고 전신에 마비가 찾아왔던가
아픔이 아프지 않을 때까지 늙기만을 바랐다
그때마다 삶과 죽음 사이를 겉돌듯 찻잔에 매화가 오면
정말이지, 내 안의 야성의 피가 뜨거워져 자주 짐승이 되곤 했다
시시때때로 핏발선 눈을 수평선에 헹구는 동안에도
몇 번의 봄날이 조개껍데기로 해안가를 뒹굴며 지나갔고
이 세상에 없는 사람처럼 눈 뜨고 죽어 살기로 작정한 사람처럼
마음을 고쳐먹던 날들이었다
봄은 피었다 지는 일이 계속되었지만
바다를 건너는 나비처럼 봄날의 깊이를 다 건너기 위해서는
더는 비열해지지 말자고, 모든 것이 나의 잘못이라고
나는 나에게 주먹가슴질을 해대며 쌍시옷의 욕을 내뱉어야만 했다
하루에도 몇 번씩 루머에 멱살 잡혀 정말이지,

아물지 않은 상처에 썰물밀물 철썩거리는 봄날이 이어지고 있었다
아픔이 더 아플 때까지

참기름 비명

멀리서 기적(汽笛)이 달려오고 있다

신기하게도 입과 항문이 같은 기차 터널이 앞과 뒤가 똑같은 김밥을 통째 먹어치우더니, 먹었던 김밥 그대로 쿵쿵쿵쿵, 쿵쿵쿵쿵 밀어내는 것 아닌가

어……!
저것은 그야말로 기적(奇蹟)이다

캄캄한 내장을 막 통과한 참기름 바른 비명이 세상의 주린 내장을 찾아 전속력이다

오월

머리에 수건 쓴 소만(小滿)이 팔다리 걷어붙이고 망종(芒種)의 일터로 가는

못밥 얻어먹으러 온 칡덩굴이 멈칫 또 멈칫 정지문 앞을 서성이는 동안

대밭 쇠뿔 죽순이 제 몸피를 늘려 축축한 멍석 그늘 한 뼘 더 넓히는 동안

물오른 연초록도 한 눈곱씩 한 눈곱씩 허공에 보태 초록 강을 흘려놓는 동안

술 받으러 간 뻐꾸기 말술에 빠져 앞산 뒷산에다 제 슬픔의 씨앗 꾹꾹 심는 동안

찔레꽃 젖가슴 열어젖히고 생살 찢어 희디흰 울음 지천에 흩뿌리는 동안

속 알맹이 없는 나는 속 꽉 찬 꽃게 발목이나 쪽쪽 빨러 격포항에나 가는

매미네 철근공장

  철근공들이 철근을 나르고 있다

  쇳물 쩔쩔 끓는 오후 한 시
  요란하게 아스팔트 바닥을 긁어대며 근처 야적장으로 옮겨지는 철근들
  긴 직선의 쇳소리가 끊임없이 허공을 헐어내고 있다

  늙은 은행나무가 먼저 철근을 끌면 젊은 느티나무가 이어받아 끌고 그걸 다시 어린 감나무가 이어받는다
  나르는 일에 집중하다 보면 누가 먼저랄 것 없이,
  플라타너스가 끌고 단풍나무가 끌고 모과나무가 끌고 뒷짐 지고 산책이나 다녀오려던 오동나무도 엉겁결에 야간작업을 거든다

  일 년에 딱 한철만 돌리는 철근공장은 지하 막장에서 끌어올린 만 근의 어둠과 밑바닥을 닥닥 긁어모은 7년의 침묵과 혀가 말려 오그라질 때까지 쥐어뜯는 질긴 울음의 힘으로 엔진은 돌아간다

아스팔트가 패이도록 철근이 내지르는 마찰음은 생의 방지턱을 간신히 넘는지 뚝 끊겼다가 이어지고 다시 끊겼다 이어진다
 여름날 뙤약볕에 그을릴 대로 그을린 푸른 나무 철근공들은
 목이 탄다
 그래도 세상에는 곧추세울 일이 너무 많아 어깨에서 어깨로 낭창낭창 휘는 철근을 휘청휘청 날랐다

 허공의 야적장에 수천수만 톤의 철근이 쌓고 쌓일 때쯤
 공장 주인은 한밑천 챙겨 온데간데없고 폐쇄된 공장만이 나무 둥치를 끌어안고 있다

선퇴(蟬退)

누군가 7년 막장의 긴 터널을 뚫고 날아간 흔적, 눈물겹다

아름드리 허공을 기어오르다 미루나무 둥치에 걸어둔 저, 텅 빈 울음집

말랑말랑한 속울음이 솟구칠 때마다 차곡차곡 쟁여 넣어 차돌처럼 단단해졌을,

뭉툭한 새끼발가락 같다

울지 않은 생은 없다고 마침내 그가 운다
띄 엄 띄 엄 반벙어리 첫울음을 울다가 갑자기 온몸에 쥐가 났는지 쥐어짜듯 막 악을 써댄다

누가 이 삼복염천에 저리 쇠사슬을 끄는가

아스팔트길이 패이도록 쇠사슬을 끌며 저 깊디깊은 허공 속울음을 퍼내고 또 퍼내는가

말도 마라, 그 울음소리가 나뭇가지를 잡아 흔들더니, 그 진동이 둥치를 타고 내려가 실뿌리까지 메치더니, 냄비 끓듯 천지사방이 들썩인다

 미루나무 열 평의 그늘에다 열 양동이 눈물을 자지러지게 쏟아붓고서야 잠시 멈춘 그 생울음을 나는 모를란다

 아무래도 저 질기디질긴 울음 끝은 내 생의 밑바닥에 가닿을 것이다 거기, 내 울음집인 어머니 지금도 거적때기 몸으로 바싹 풍화되어 있을 것이다

바닥의 높이

담장은 오랜 기록을 가지고 있다

온몸이 발과 손이 되어 한 땀 한 땀 꿰매듯
바닥을 기어오르는 담쟁이 맨발 앞에 나는 나를 마주한다
사방이 직벽인 열 살의 스무 살의 서른 살의 내가 진저리 친다

봄 지나
여름 지나

헛디디며, 미끄러지며 다시 생각해도 아찔한 마흔 살의 쉰 살의 예순 살의 내가 있다

이젠 내려가기가 더 두려운 바닥,
닳고 닳아, 무릎뼈가 탈골될 때까지 가보지 않은 길을 올라야 하는
바닥의 높이는 얼마나 먼가

부모, 형제, 아내, 자식, 돈, 명예, 채탄부, 공무원, 퇴직, 재취업, 최저임금, 다시 고향, 바다, 변산, 시, 열정, 꽃, 책, 별, 달, 추억, 격포, 적벽강, 솔섬 노을, 바람, 햇살, 안개, 희망……

나의 미래는 나의 바깥, 넌출넌출 뻗치는 맨발의 허공은 또 얼마나 아득한가

가을 지나
겨울 지나

아직 몇십 년은 더 올라야 하는 생의 절개지
바람만이 아는 대답*

한 걸음 한 걸음 오랜 시간 머물다 간 자리
직벽이 새긴 무릎걸음의 문신은 강줄기를 닮아 있으리라

―――――――
*밥 딜런.

시골집은 안녕하시다

 오랜만에 아내와 홀로 계신 시골집을 뵈러 갔다
 꺼르막의 잡풀들은 하얗게 기가 죽어 있었다
 오래된 집을 오래도록 건사해온 살붙이들이 안쓰러웠다
 한자리에 너무 서 있어서 허리가 아픈 도구 통도
 볼품없는 장독대도 장독대에 모여 앉은 민들레도
 도란도란 옛날 이야기꽃이 한창이시다
 수돗가 사기요강이 대소변을 잘 받아내시는지
 삼성 테레비는 명창들 구성진 가락을 국숫발처럼 잘도 뽑
으시는지
 벽시계 초침은 얼마나 힘이 남아도는지
 검침원처럼 일일이 확인하고 기록한다
 아내는 쪽마루에 앉아 홍매실에게나 눈을 주다가
 마당 밭에 옹송그리고 앉아 달롱개를 캐고 쪽파를 다듬고
있다
 백열등은 점차 시력이 떨어져 침침해 하시고
 골다공증으로 무릎뼈가 시린 명아주 지팡이도
 토방의 먹고무신도 바깥 마실 길이 궁금해 뒤집혀 있다
 보일러실의 보일러도 웅얼거리며 구석구석 따듯한 피를 잘

돌리시고

   정짓간 부뚜막은 그대로 먹빛이시다
   늙어간다는 것은 말할 수 없이 애처롭고 쓸쓸한 일이지만
   나름대로 다들 간신간신 다복하시다
   마를 새 없이 진물 흘리는 수도꼭지를 단단히 조이는 사이
   험한 세월 만나 둔해진 몸 이끌고
   한 세기를 평안히 건너시는 것을 느긋하게 바라보다가
   먹먹해진 눈빛의 아내가 봉다리 봉다리 봄을 챙겨 차에 싣는다
   웃자란 걱정은 며칠 지나 다시 나를 잡아끌겠지만
   말캉 구석에 빨깡 짜놓은 걸레를 보면 그나마 안심이 된다

멀리 달을 보는 사람

 그믐이던 마음이 보름 달빛이나 보자 하여 월명암에 오릅니다 한 발 앞서가던 산새도 숨이 가쁜지 호로록 쪽쪽 호로록 쪽쪽 오체투지로 오르다 쉬고 쉬었다 다시 오릅니다

 삶을 견딘다는 것은 마음을 닦는 일과 같겠지요 가슴에 맺힌 혈을 풀고 심신을 안정시키자면 맛이 쓰고 성질이 찬 사람을 만나야 한다고 언젠가 방약합편(方藥合編)이 일러줬습니다

 나를 내려놓고 오래도록 탕약을 달이듯 멀리 달을 바라보는 사람은 지금 아픈 사람이거나, 유독 상처가 많아 누구를 아프게 하지 못하는 사람이겠지요

 다혈질인 나는 독초로 보자면 마땅히 천남성이거나 각시투구꽃의 눈빛일 텐데요 오늘만은 약으로 쓸 것 같은 달빛에 빨대를 꽂고 호로록 쪽쪽 호로록 쪽쪽 빨고 싶은 밤입니다

 첩첩산중 꿈틀거리며 꼬물거리며 배어든 달빛이 성미가 따뜻하고 독성이 없는 사람 품 같아서, 병든 몸뚱이 말갛게 씻

어주는 향(香) 같아서 그믐이던 마음이 열나흘 흐벅진 달빛이 되어

밥심 거룩

이른 아침 밥상 위에 뜨근한 밥 한 그릇 놓여 있다
말하자면 밥은 꼭 먹어야 하는 것이다
하루에 한 끼든 세 끼든 여하튼 먹어야 마땅하다
그동안 나는 밥 먹을 때마다
심드렁하니, 숟가락을 식탁에 내려놓을 때가 많았다

알다시피 가장이 허겁지겁 먹는 밥 한 톨에는
어린 자식이 있고
아내가 있고 한 가족이 있다
백수가 먹는 밥도 마찬가지다

다시 말하자면, 설익은 밥이든 진밥이든
입천장이 다 해지도록 먹어야 한다
먹어 똥이 될 때까지
코피가 흐르도록 밤샘 작업을 하고
코피가 멈출 때까지 할부금도 갚아야 한다

똥이 밥이 될 때까지

연애질도 해야 하고 결혼식에도 가야 하고
장례식에도 가야 한다

그래서 힘주어 싸는 똥 덩어리에는
밥벌이 나가는 가장의 피가 섞이기 마련이지만

어떻게든
밥은 웃으면서도 먹어야 하고
울면서도 삼켜야 한다

인간이 지구상에 처음 출현한 이래
삶과 죽음에 관한 한 지금까지 밥과 똥으로 요약되어 왔다
그러므로, 똥을 싼다는 것에 대하여나
밥을 먹는다는 것에 대해서는 그 누구도 관여해선 안 된다

그래, 혼밥은 외롭고 쓸쓸도 하겠다
더는 지겨워 못 먹을 때도 있겠다
그러나 어쩌랴,

흙이 되지 않는 한,
돌이 되지 않는 한,
복통에 설사가 와도 먹어야 하는 게 밥이다

죽어서도 저승 밥은 있는 법
없는 손가락과 없는 입으로라도 밥은 먹어야 한다
그래서 눈칫밥에 이골이 난 나는
누군가의 밥이 된 지 오래다

입과 똥구멍 사이에는 밥이 있다
입은 땅에 가깝고
똥구멍은 하늘에 가깝다는 것을
나는 너무 늦게 알았다

하루 세 끼 꾸역꾸역
나는 나를 목메게 먹어 치운다

더는 굶지 마라,
끼니끼니 걱정하는 어머니를 생각하면
한 톨의 별만 봐도 나는 할 말이 많다

겨울 수묵화(水墨畵)

 밤새 눈 쌓인 어슴새벽, 어느 자유로운 영혼들의 발자국일까 생의 바깥을 떠도는 행자처럼 광활한 화선지 위를 가로질러 사박사박 어디론가 가고 있다

 다문다문 단풍잎을 찍어놓은 산새가 그렇고, 점점이 매화를 피워놓고 간 족제비가 그렇고, 흠칫, 몸을 사린 길고양이 남루한 발이 새긴 목화송이가 그러한데

 머물 곳을 찾아 긴 겨울밤들을 떠돌다 몸통을 잃어버린
 저 발자국들을 보노라면
 한뎃잠에 잔뜩 움츠리고 방황하는 발자국들을 생각하노라면
 어느 순간 사라지는 삶의 흔적으로만 보이지 않는다

 오늘도 고단한 몸이 또 어딘가를 떠돌기 위해
 화살처럼 쏘아대는 눈발 속으로 머리를 밀어 넣을 때
 살얼음판인 세상에 오른발을 놓고 왼발을 다시 들어 발가락 펼칠 때

아아 정말, 날은 저물어 가고
눈보라가 벼락 치듯 방문 열어젖히는 밤

길 잃고 굶주린 저 발자국을 위해
한곳에 머물 수 없는 저 떠도는 영혼들을 위해
오늘밤엔 가마솥에 물 한 바가지 더 붓고 아궁이에 장작개비 몇 보태야겠다

겨울 한복판을 휘몰아치던 눈보라가 어디론가 밀어붙이기 전에
눈구덩이에 파묻힌 발자국들이 빙하기 화석으로 붙들리기 전에

사흘 밤낮 또 눈은 내리 쏟아붓는데

청양

나를 건너려던 여자들은 하나같이 울었다
울면서 떠나갔다
다방에서나 길거리에서
창피한 줄도 모르고 눈물 콧물 쏟아내며
대낮인데도 매미처럼 맘 놓고 울어댔다
감각기관이 예민한 어떤 여자는
한나절을 바다만 바라보며 울기도 했다
달리 어쩌지 못하고 나는
철썩이는 파도 소리나 듣다가
날아가는 갈매기를 향해 돌멩이를 집어던졌다
한때 성미 급한 나도
그 뜨겁고 얼얼한 청양(淸孃)에 빠져 몸부림친 적 있었다
양념에는 매콤한 고추가 제일이라던 아내마저
그 매운 내 맛은 다 참질 못했다
산으로 나를 끌고 가 헐떡이며 사정없이 재채기를 해댔었다
어쩌면 그 후로도 아내는 화장실에서 어깨를 들썩이며
수도꼭지를 틀었거나
천장을 향해 애써 눈을 껌벅이기도 하다가

에라! 이 화상아,
있는 힘껏 수도꼭지를 쥐어 잠갔을 것이다
그래놓고 한 사나흘 몸져누웠을 것이다
청양은 언제나 향기롭고 위험하다는 것을 아는 까닭에
비굴하게도 뻔뻔하게도
나는 나도 모르게 매운 놈이 될 수밖에 없었다
그 살갑던 개까지 살살 꼬리 흔들며 나를 피해갔으니,
이 얼마나 얼얼하고 매운 놈인가! 나는

우리 동네 매미는 모음으로 운다

여름이 되자 매미들은 일제히 쇠사슬을 끈다

어떤 매미는 300년 된 느티나무 꼭대기에 올라가
절대 이렇게는 못 살겠다고,
먼 데까지 들으라고
긴 쇠사슬로 칭칭 허공을 감으며 우는 것인데
참다 참다 북받쳐 오른 상말들까지
대낮에 대고 마구 쏟아내는 것이다

남들이 잘 알아듣지 못하도록
말더듬이 비슷하게,
반벙어리 비슷하게,

어쩌면 지금 저 눈물 마른 쇳소리 울음은
 12년 동안 투쟁해온 KTX 해고 노동자들의 한 맺힌 울부짖음이거나
 세계 최장기 굴뚝 고공농성을 이어가는 박준호 씨와 홍기탁 씨가

하늘에 외치는 처절한 절규는 아닐는지

두렵고, 두려워서
아무도 거들떠보지 않고, 아무도 듣지 못하는 세상에게
목청 터져라, 온몸으로 내지르는

그래서 작년에 울고 갔던 매미는 죽은 뒤에도 울고
내년에도 울음으로밖에 살 수 없다고
슬픔이 늘 목에 걸려
우리 동네 매미는 뼈저리게 모음으로만, 모음으로만 울어
쌓는다

ㅇㅕㄱㅣㅅㅏㄹㅏㅁㅇㅣㅇㅣㅆㄷㅏ*
ㅇㅕㄱㅣㅅㅏㄹㅏㅁㅇㅣㅇㅣㅆㄷㅏ

---

*1931년 평양 을밀대 지붕 위에서 우리나라 최초의 여성 노동자 강주룡이 외친 말.

노릇노릇 발록발록

 아침나절 변산 비둘기 구구절절 구구절절 구구단만 외우다 간 자리 ― 접시꽃 울멍울멍 치맛자락 물고 폈다 ― 아무 잘못도 없이 괜스레 미안한 ― 접시꽃이라는 말 속에는 ― 두레 밥상머리 풍경도 들어 있어서 ― 아침부터 저녁까지 달그락거리는 소리 들린다 ― 접시꽃이라는 말 속에는 ― 살강 위에 몸을 살강 포개고 앉은 밥사발들의 ― 마냥 착하기만 한 외로운 이마가 반짝인다 ― 접시꽃이라는 말 속에는 ― 앞치마를 두른 아금박스런 당신도 들어 있어서 ― 내일을 불러 부랴부랴 오늘을 안치고 ― 들들 북두칠성을 볶고 달달 달을 무쳐낸다 ― 접시꽃이라는 말 속에는 ― 바싹, 이라는 불안도 들어 있어서 ― 아무리 사랑스럽게 안아주고 쓰다듬어줘도 ― 한 순간 바싹 깨지고 말 삶이 있다 ― 접시접시 접시 하다 보면 집시 여인이 떠오르기도 하지만 ― 하여튼 접시꽃이라는 말 속에는 ― 들여다볼 적마다 가난해서 안쓰럽고 애잔한 ― 다시 말해 명치끝이 뭉근한 그 무엇이 ― 한 접시 들어 있다 길가 모퉁이에서 나를 기다리다 ― 훌쩍 키가 커버린 둥근 접시꽃 ― 도시를 한 번도 가보지 않은 처자처럼 ― 아무한테나 노릇노릇 발록발록 생글거리는

제2부

나만 모르는 이야기

직소폭포가 격렬하게 싸갈기는 기다란 물줄기엔 여러 마디가 있는데요

그 마디마디엔 희고 투명한 졸졸졸, 이란 의성어(擬聲漁)가 살고 있습니다

그 의성어는 맨살의 뱃가죽으로 바닥을 훑으며 백천내를 휘돌아나가고

앞서가던 졸졸졸은 뒤에 오는 졸졸졸을 끌고 변산바다에 이르는 동안에요

비늘도 지느러미도 없는 의성어는 자랄 대로 자라 철썩철썩 파도가 된다는

이 또한 나만 모르는 오래된 이야기

흰 방

봄볕 좋은 날
토담집 툇마루에 앉아
앞마당 홍매화 피는 것 보다가

혼잣말로
귀찮다, 귀찮다, 다 귀찮다 손사래 치더니만

흰 고무신 한 켤레 보듬고 들어간 뒤
제 밥 먹고 제 똥 받아낸다

살도 바트고 가죽도 쪼그라들었으니
저승 문턱에 몸뚱이 뉘었다가 앉혔다가

생의 비단 고치를 짓는 누에처럼
정갈하니 죽음을 가지고 놀고 있다

문 밖
명아주지팡이 홍매화 지는 것 다 보다가

기둥에 주저앉은 지 오래다

어머니가 방 안에 있다

오래된 집

프라이팬에 당면 볶고
육개장 끓이고
명태포 부침개 부치고
무 썰어 생채지 버무리고
우황청심환 사 들고

이른 아침부터 부산을 떨며 이것저것 챙겨주는 것은

신경통으로 폭삭 주저앉기 일보 직전의 집 때문이 아니다

일평생 속을 비워가며 날마다 쪼그라드는 집 때문이 아니다

아내가 더운 날과 추운 날을 가리지 않고 저리 공들이는 것은

어떻게든 자식에게 짐이 안 되도록 버틸 때까지 버텨보는 집 때문이다

총기를 놓지 않으려 마당을 파 푸른 기억을 총총 심는 집 때문이다

늙어 아무도 반겨주지 않는 아흔일곱의 오래된 집 때문이다

아내는 오늘도 조용한 곳으로 가 무릎 꿇고 두 손 모은다

신을 믿지 않는 나도 아내 옆에 무릎 꿇고 머리 수그린다

씨 할 놈

언뜻 들으면 천한 욕 같기도 한 말
곰곰이 생각하면 철렁 가슴 내려앉는 말
송구해졌다가 숙연하기까지 한 말

오래전 씨 할 놈이라는 말의 씨앗을
내 가슴에 다독다독
묻어두고 간 이가 있었다

그 말의 씨앗이 메마른 세상에서
파릇파릇 힘줄 돋아
불끈 쌍것인 나를 여직 키워내고 있다

어머니와 호박잎

"야야, 약을 혔냐 뭣을 혔냐
그짝으로 침도 안 뱉었다"

벼르고 벼른 여름휴가 마치고 돌아오던 날
어머니의 싱그러운 무공해 스무 평이
까만 비닐 봉다리봉다리 담겨 있다
(풋고추, 애호박, 물외, 가지, 호박잎, 묵은 된장, 양파, 고춧가루)

줄곧 아스팔트길 달려오는 동안
옆 좌석에 탐스런 그것들
시퍼렇게 살아있는 그것들
잠시 가만있질 못하고 들썩, 거리다 부시럭, 대다
이내 조용해졌다

다 늦은 저녁 굴풋한 허기가
허겁지겁 봉다리를 풀었을 때
어머니의 작은 우주가 참 순하게도 잠들어 있다

아내는 풋고추 송송 썰어 쌈장과 호박잎을 쪄
서툴게 식탁에 내놓는다

나는 손바닥 위에 푸른 손바닥 하나를 더 펴
밥 한술 위에 쌈장 얹고
한입 가득 턱 빠지게 욱여넣는데
통통한 풀벌레 울음소리와 이슬방울이 톡, 톡 터져
달크므레한 어머니의 품내가 입 안 가득 퍼지는 것이다

아뿔싸!
밥벌레인 내가 이적지 뜯어 먹은 푸성귀가
어머니의 생살이었다니
불혹이 넘도록 우려먹은 밑반찬이
어머니의 뼛골이었다니

호박잎이 이렇게 맛있는 줄 처음 알았다는 아내의
무심한 식욕 앞에,
고봉밥 앞에,

오늘은 어째 깡마른 어머니가 잘 씹히질 않는다
목구멍에 호박잎 돋아 영 까끌까끌하다

축일(祝日)

야야, 저 꽃 좀 봐라
야야, 저 따듯한 햇살 좀 봐라

바짝 마른 노파가 툇마루에 앉아
버석거리는 손바닥으로 볕살을 쓸어 모은다

나도! 나도! 나도! 나도! 피었다
투닥, 투닥, 투닥, 투닥, 지는

앞마당 홍매화를 보다가
꿀벌들이 붕붕거리는 것 보다가

아깝다, 참말로 아깝다,

치맛자락 펼쳐 받아드릴까요?
보자기에 꾹꾹 눌러 싸둘까요?

그런데, 이 볕 좋은 날 받아놓고 뭐하세요

일평생 그늘에서 춥게만 사셨잖아요

모란도 작약도 멀지 않았어요

이제 그만 꽃으로 피어나세요
어서 그만 나비로 훨훨 날아가세요

고요한 고요
―요양병원

나는 오늘 세상에서 가장 적막한 고요를 보고 왔습니다

대학병원 중환자실
뼈만 남은 환자복들이 산소 호흡기를 꽂고
미리 관 속에 들어가 보는 고요를
침대이자 무덤인 고요를

천장에 핏기도 물기도 없는 빼빼 마른 형광등 하나가
죽음으로 떠오르는 기억이 있는지
갑자기 눈이 멀 것처럼 발광하는 고요를

안간힘으로 살 만큼 살아본 고요를
늙기에도 지친 멀건 죽 같은 고요를

때가 되면 훌렁,
삶을 벗어버리면 그만인, 이 홀가분한 고요를
죽은 것도 산 것도 아닌, 나날이 긴박한 고요를

하늘에도 바닥이 있고
땅에도 하늘이 있는
이승 끝과 저승 입구 어디쯤

나는 오늘 저승사자와 한패가 된 고요를 보고 왔습니다

겉은 검고 속은 흰
속은 검고 겉이 흰

죽음을 먹고 자란 적막한 고요를
누군가 막 태어날 것 같은 고요를

눈으로 먹는 밥 2

함박꽃나무가 일 년에 딱 한 차례씩
공들여 희디흰 쌀밥을 지어 올린다는 걸
애써 함박, 웃지 않아도 다 안다

무쇠솥 뚜껑을 막 열고 퍼 담은
김이 모락모락 피어오르는 저, 하얀 고봉밥

돌아가실 때 더어얼
퍽,
되 엎어놓은 밥사발 같은
둥근 봉분 안 빼빼 마른 우리 어머니
그곳에서도 여직 다리가 불편하신지

머리칼 하얘져 절반은 무덤이 된 내가
마른 뼈 삭아 절반은 흙이 된 어머니
곁에,

무릎 꿇고

한 숟갈 푹 떠 먹여드리고
한술 더 떠서 억지로 먹여드리고 싶은
저, 따끈따끈한 고봉밥

벌벌벌벌 솥뚜껑 들어 올리며 퍼지는 밥 냄새에
삼시 세끼
입 싹 씻고
아슴아슴 젖어 내 눈물만 불리는

씨감자

이른 봄날
빡빡머리 푸른 제복의 퇴역 장병들
파리한 눈빛 매섭고 날카롭다
오랜 감금으로 쭈글쭈글 탈수증 앓은 병사들도 부지기수다
연병장에 끌려 나온 그들을 향해
다짜고짜 목에 칼을 들이밀며 자백을 강요해 보지만
죽어야 사는 법을 실전을 통해 배워왔으므로
결의를 다진 장병들은 맨몸으로 칼날을 받아내고 있다
쥐도 새도 모르게 흙과 비닐로 위장막을 씌워놓지만
그들은 말보다 행동이 앞서는 자들
지금쯤 그들은 지하 벙커에 납작 엎드려
적진의 지도를 펼쳐놓고 작전계획을 짜며
어린 신병들을 씩씩하게 길러낼 것이다
신병들은 신병답게 우렁찬 군가를 부르며 로프에 매달리고
바닥을 기면서 지옥훈련을 견뎌내고 있을 것이다
낮 같은 밤이 가고 밤 같은 낮의 어느 하지 무렵
그들은 일제히 함성을 내지르며 진격해 올 것이다
총칼도 없이 대도시의 청과물시장을 점령하고

삽시간에 골목 마트까지 구석구석 장악한 다음
스파이처럼 점조직처럼
내 집 식탁의 고지까지 사수할 것이다
계엄군처럼 물불 안 가리고
펄펄 끓는 기름 속을 뛰어들고
프라이팬에 호닥호닥 볶아져서
결국, 최후를 맞겠지만
그래도 살아남을 놈은 어떻게든 살아남아
교전 기록들을 꽃으로 대물림하며
누대에 걸친 인간과의 내전을 설화처럼 이어갈 것이다

내 몸의 나뭇잎

어느 날 갑자기 찾아들었다
허벅지 안쪽에 제집처럼 들어앉은 이 싱싱한 나뭇잎은
가늘게 뻗어 나간 잎사귀 둘레로 통증이 퍼렇다
기억에도 없는 마음의 한쪽
멍! 소리 나도록 번진 아픔인데
아픔에서 온 흔적이라면 언제 내게로 온 것일까
나는 아프지 않은데 아픔을 아는 것이 중요하다는 듯
시퍼런 씨감자 몽고반점 그림자에서
바람이 불 때마다 풀무치 날아가는 소리 들리고
비가 올 때마다 누에 뽕잎 갉아 먹는 소리가 떠나질 않았다
내 몸에서 나는 소리라는 걸 까마득히 몰랐지만
살가죽을 뚫고 새움이 돋는지 옆구리가 가렵기는 했다
사람이 한 그루 나무라는 말은 들은 적이 있었으나
개암사 관목 숲길에서 만난
굴참나무가 알은체하는 걸 보고
그때야 내가 한 그루 나무가 되었다는 걸 알았다
그것도 장딴지만 한 굴참나무라니,
길짐승처럼 평생 땅만 보고 살 인간이

이토록 높고 널따란 하늘을 가질 줄이야
긴 팔과 목을 치켜세워 구름을 올려다보며 신기해하다가도
믿기지 않아 팔랑팔랑 잎사귀를 흔들어도 보는 것인데
또 변산바람꽃은 언제 기쁨을 밀어 올리나
밀화부리는 어떻게 즐거운 슬픔을 노래하나 궁금해하면서
발가락마다 뿌리가 뻗어나고 손가락마다 이파리 돋아나
나는 지금 60년생 한 그루 무성한 나무로
푸른 지구 위에 우뚝 서 있는 것이리

집중하는 지렁이

여름 한낮이었다

후,두,두 후,닥,닥
소낙비 뛰어간 뒤

지렁이 한 마리
아스팔트 위를 구부렸다 폈다
숨 가쁘게 가고 있다

옆으로,
배달 오토바이 지나간다

옆으로,
옆으로,
덤프트럭 지나간다

저, 무시무시한 세상 한복판을 가로질러
보란 듯이

제 갈 길만 가는

저, 집중과 몰입

끝내
있는 힘 다해
길바닥에 딱 말라붙은

한 토막 붉은 철사

나만 아는 이야기

 고향에 몸 붙이고 산 지 육십여 년이 넘었습니다 한번 붙인 궁둥이를 다른 방향으로 틀어 앉은 적 없으니 사람들은 붙박이를 토박이라 불러주었지요 어느 날부턴지 내 눈썹에 의상봉의 첫 아침 해가 들기 시작하더니 산새들이 알게 모르게 솔씨를 물고 날아들었습니다 그러려니 했습니다 내소사 범종 소리 무한 창공을 떠돌다가 저물녘처럼 스며들기도 하고 대웅보전 솟을모란꽃살문을 만져보던 바람이 한 열흘 머물기도 했지요 말간 옥양목 수만 필의 물길을 끌고 들어온 직소폭포는 눈썹과 눈썹 사이 쌍무지개를 걸어놓기도 했는데 그 쌍무지개를 보려고 신선봉 쌍선봉 관음봉 옥녀봉들이 다투어 기어올랐을 때도 그냥 그러려니 했습니다 66㎞ 변산 마실 길이 통째 걸어 들어오기도 하는 날엔 변산바람꽃도 미선나무도 후박나무도 붉노랑상사화도 순한 눈 속에 하나같이 서해 천만 평 노을을 담고 있었어요 그리고도 어쩐 일인지 내 눈썹은 십만 평은 더 남아돌았던 것인데 멧돼지가 식솔들을 데리고 들어와 보일러를 놓고 수도를 들이자 겁 많은 고라니도 보란 듯이 솥단지를 내걸기도 했던 것입니다 어제도 억센 내 눈썹에 문장을 새기느라, 딱따구리는 온몸을 밀어 넣기도 했고 아침저녁으로 쪽배 구름이 노를 저어 출퇴근하는 부안댐은 젖은 속치마를 탁탁 털어 물안개로 널어 말리기에 바빴지요 그도 그냥 그러려니 했습니다 갑자기 재채기라도 하는 날엔 산새들은 쏜살처럼 하늘로 솟구쳤으며 길짐승들은 발이 부러져라, 가파른 능선을 내달리기도 했지요 굴러떨어지는 돌덩어리에 멈칫, 놀라면서도 길짐승은 길짐승대로 날짐승은 날짐승대로 자유로웠어요 창창울울한 내 눈썹에 변산이 송두리째 들어와 산다는 것을 나를 한 번도 떠난 적 없는 내 눈썹만이 아는 사실이고 아직까지 아무것도 아니었던 나는 감히, 변산이 내 본적이라는 생각에 뿌듯하면서도 여느 때처럼 그러려니 살게 되었답니다

요양병원
— 형광등

천장에 누워 있거나 매달려 있다
몸 전체가 하나의 길쭉한 눈이다
백사(白蛇)처럼 뱃속이 투명하다

이번 생의 몫은
캄캄한 빛을 폈다 환한 어둠을 접는 일

크레솔 냄새에 절어 매일매일 쪽잠에 시달리곤 한다
흰옷의 창백한 사람들이 마스크를 쓰고
사각의 백야를 유령처럼 활보하기 때문

늦은 시각 하루의 스위치를 내리면
잠깐 잠자리에 들었다가도
번쩍번쩍 눈을 떠야만 한다

낮과 밤이 바뀐 밤이거나
밤과 낮이 섞인 낮이거나

누구나 자기 삶으로 자신을 밝히듯이
숱한 밤을 뜬눈으로 지새우다 보면
눈 속에 빛이 가득 차
깜박깜박 정신을 놓아버리기 일쑤

삶은 빛났지만, 일생은 어두웠다거나,
일생은 어두웠지만 삶은 빛났다, 할지라도

만성피로에 빼빼 마른 그는
끝내 발광(發光)하다 과로사하고 말 것이다

스스로 천장에 몸을 맨 채
마음과 살을 비운 투명한 그를
누가 사막까지 데려다줄 수 있을까

순례의 시간

 수십만 마리 개미 떼들의 긴 행렬을 보았다 입에 하나씩 짐보따리를 물고 어디론가 가고 있었다 주저앉았다 가는 개미도 있었다 멀리 휘어진 곡선은 쉽게 끊겼다가 이어지기를 반복하고 있었다 우왕좌왕하는 개미의 눈으로는 보이지 않는 순례의 먼 길이었다 나는 그들을 지름길로 안내하기 위해 직선의 나뭇가지를 놓아주려다 멈칫, 했다

 그것은 사람의 시간이 아니었다

제3부

36.5

살다 보면 말이지, 누구나 한번은 돌이 되지
내가 나를 억누르고 억눌러야 할 때가 오지
사람들은 제 가슴에 무거운 돌 몇 개 안고 산다고 하지만
그래서 돌은 점점 차갑고 뜨거워진다고 하지만
몇 번이나 참고 견디다 보면
더러는 돌부리에 걸려 넘어지기도 하고
벼랑을 굴러떨어지기도 하지
그것이 우리의 생활이고 저항이라지
본시 돌은 뜨겁고 물컹했다지
운 사납게 무언가 잘 안 되어 눈에 핏발설 때
그만 생을 꺾어버리고 싶을 때
누구나 단단한 돌이 되고 말지
단단한 돌이 되어 돌이 돌을 움켜쥐지
끝내는 흰 돌 검은 돌 서로 맞부딪쳐 불똥 튀지
36.5,
그 뜨겁고 물컹한 삶을 살아내려면 말이지

부르면 대답할 거리에 두고
— 위도 상사화에게

우린 가깝고도 먼 사이,

빈 땅에 대고 그대 안부를 묻소 너무 가까워서 마주 볼 수 없다 하여 슬퍼할 것은 없소

부르면 다 듣고 대답할 거리에 두고도 볼 수가 없는 곡절이 우리에겐 있는 까닭이오

없는 듯해도 분명 그대 있으니
언제나 나는 안심이 되오

우리가 서로 만나지 못한다 해도
이미 우리는 뜨거운 한 몸이잖소 평생 앓아야 할 열병이라 해도
괜찮소, 다 괜찮소 그러요

때가 되면 한번 본 적 없는 얼굴이 자꾸 떠올라 불쑥 빈손을 허공에 밀어 올리기도 하고

만져보고 싶은 마음에
울컥, 희디힌 피를 토하기도 하지요마는,
그 많은 세월을 그리 살았으니
이제와 골몰할 것도 없소

우린 심장을 나누어 쓰는 사이,
 매정스레 업신여김을 받은 것도 아니어서 섭섭할 것은 더욱
없소

그럴수록
뜨겁고, 깊고, 단호한 사랑 하나 믿고 살 거요
어긋난 생(生)일지라도

원래 한 몸이었으니
괜찮소, 다 괜찮소 그러요

가을 골짜기에 적벽강을 들이고

 그랬으면 좋겠네, 가을 산마루에 적벽강을 들이고 저녁노을 한 짐씩 날라다 널찍널찍이 흩뿌려 놓은 뒤

 쪽배 한 척 없는 해변에 손깍지 베개를 하고 누워 나는 이별한 사람과 맨발로 콩돌밭을 걷겠네

 이따금 먼 그대 생각만으로도 가슴 한쪽이 환하게 노을 지는 나는 말갛게 씻어 말린 형형색색의 추억들을

 소라껍데기 속에서 하나둘 꺼내 애써 밤하늘에다 박아두고 꿈결인 듯 팔이 저리도록 높아진 하늘을 올려다보겠네

 나의 하늘에는 흩어진 구름 사이로 멀리 갈매기 떼 날고 바닷가 모래밭에 무더기로 떠밀려온 불가사리와도 같이

 귀가 뾰쪽한 뭇별들이 이마 위로 내려와 반짝반짝 눈을 찌르면 쿨렁 출렁 휜 파도 소리에 한철 귓속도 밝아져서는

온통 통수박을 짓이겨 놓은 듯 내 안도 천만 평 작약꽃밭 노을로 뜨거워지는 데야 어쩌면 지금쯤

그 사람도 적벽강 파도 소리에 귀를 씻어 정갈하니 노을밥 지어놓고 석양이 학 머리로 막 사라지는 수평선을 바라보겠네

썰물 같은 나는 먼 그대만을 죽도록 그리워하고, 밀물 같은 그대는 영영 나를 잊기만을 바라면서

그랬으면 좋겠네, 그대와 나 사이 가을 골짜기에 적벽강을 들이고 슴슴하니 이만치에서 누리는 내 이별은

너의 가을이 나의 봄에게

"너만 있으면 돼"라고 가을이 말했을 때

"난 너뿐이야" 하던 봄이 있었다

그때부터였을 것이다

나의 봄이었던 너는 나 없이도 환한 꽃방석이었지만, 너의 가을이었던 나는 맨몸으로 긴 겨울을 건너고 있다 해도 좋다

매년 봄은 오고 또 왔건만,
그때에 못했던 이별 차마 말할 수 없어 혹독한 겨울이 지속되고 있다

사철 폭풍 휘몰아치고 있다

숯불 동백

엄동설한 숯불 동백이 활활 타올랐다
유난히 추위를 많이 타던 사람이었다

그러나 누구보다도 뜨거웠던 사람

그때는 왜 몰랐을까
나보다 더 오래 아파할 사람이란 걸
나보다 더 오래오래 울 사람이란 것도

겨우내 발등에 숯불 몇 송이 올려놓고
긴 추위를 견디고 있다

봄에 떠나보낸 사랑을 생각한다

누가 또 울러 간다

그리고, 제 몸에 난 상처 제 혀로 핥고 핥으며
깊은 산속으로 숨어드는 흰옷의 잔등을 보았지요
사람 사는 세상을 피해 웅크리고 웅크리는 그를 말이죠
이 산하를 다녀가는 바람이나 물결에게
울분과 분노 따윈 다 내어주었다가도
뜨거운 피가 거꾸로 솟을 때면
어떤 날은 물가에 주저앉아 더운 피 식히기도 하고요
어떤 때는 가파른 벼랑에 몸을 던지기도 했다지요
밤을 잃고 많은 것들이 뜬눈으로 우는 그믐밤이면
어슬렁어슬렁 마을로 기어 내려와
방문 사이로 새어 나오는 찔레꽃 환한 불빛들을
한 됫박씩 한 됫박씩 매운 눈 속에 담아가곤 했다지요
세상은 무섭고 단단하기만 해서요
제 몸의 근육과 뼈를 물어뜯고 바수어
범종 같은 울음 꾹꾹 눌러 죽이는 그를 보았지요
그 요란한 묵언이 세상을 이기는 힘이기도 해서요
죽음을 몇 차례 앓고 난 찬 알몸에
어느 날 근질근질 이끼가 돋았고요

또 어느 날은 띠앗띠앗 돌꽃도 피어났지요
여전히 세상은 누군가의 가슴에 말의 화살을 쏘아대고
한바탕 불꽃 축제가 한창인데
제 몸의 상처 제 혀로 핥고 핥으며
반가사유 자세로 얼굴까지 지워버린 그를 보았지요
차마 두 눈 뜨고 볼 수가 없었지요

울지 못하는 것들은 다 산으로 갔다

상한 몸을 하고,
한 마리 짐승과 또 한 마리 짐승과 또 한 마리 짐승을 거느렸다

저 벼랑을 키우는 귀먹은 바위들과
계곡에 모여 물과 바람으로 피고름 씻어내는 바위들은
한때 새파랗게 질린 짐승이었거나
순하디순한 사람이었으리라

지리산 피아골에서 보았다
짐승한테 물려 숨어든 봉두난발의 전봉준이도
죽창을 들고 집결한 흰옷의 혁명군들도
산으로 가 모두 바위가 되어 있었다
바위가 되어 한 덩어리 단단한 침묵으로 견디고 있었다

사람이 곧 하늘이 되는 세상을 꿈꾸며
우뢰처럼 산문(山門)을 박차고 우르르우르르 쏟아져 내릴 새날이 있으리란,

있으리란…… 산 같은 믿음 하나로

하얗게 웃을 때까지만 사람이던 짐승
그 짐승한테 덴 영혼들은 다 산으로 갔다
산으로 가 대신 울어주는 범종을 끌어안고
더운 숨 몰아쉬며 모두가 견디는 것이었다

나도 모르게 나를 어루만져 보았다
미처 내가 돌인 줄 알지 못했다
내가 뜨거운 피가 도는 차가운 바위임을 뒤늦게 알았다

아파도 울지 못하는 것들은 다 산으로 갔다
산으로 가 벼랑이 되거나 계곡에 숨어
단단한 바위 속에 더 단단한 뿌리를 박았다

변산 마실 길

나 그곳으로 마실 간다

산과 바다 사이 그 경계에 너에게로 가는 길은 언제나 꼬불꼬불하여

더덕 냄새 맡으며 싸드락싸드락 능구렁이 등허리 길을 밟고 가다 보면

앞서거니 뒤서거니 짚신이 가고 검정 고무신이 가고 장화가 가는 게 보여

두런두런 보따리가 가고 등짐이 가고 지게가 가고 횃불이 가는 게 보여

이쪽 마을에서 저쪽 마을로

나 그곳으로 마실 온다

직소폭포와 솔섬 사이 그 경계에 나에게로 오는 길은 또 울퉁불퉁하여

파도 소리 들으며 구불텅구불텅 오다 보면 수평선을 끌며 통통배가 오고

갈매기가 오고 뭉텅뭉텅 안개가 오는 게 보여

조기가 오고 주꾸미가 오고 싱거운 배고픔이 오고 짜디짠

설움이 오는 게 보여
　이쪽 항구에서 저쪽 항구로

　어제는 쌀이 가고 소금이 오고 함이 가고 꽃상여가 오는 게 보여
　오늘은 휘청휘청 가고 엄벙덤벙 오고 줄래줄래 따라가는 게 보여
　옛날에 죽은 할아버지의 할아버지까지 할머니의 할머니까지 함께 걷는 게 보여
　젊은 내가 가고 아직 태어나지도 않은 손주가 오는 게 다 보여

　그리하여, 나는 노을밥 짓는 마을을 지나 내소사 범종 소리 들으며
　어우렁더우렁 너와 함께 아직 몇백 년을 더 가야만 하는

미끈도마뱀

낯선 나와 마주치자 제 꼬리를 스스로
뭉툭,
자르고 달아났다
순간, 동력이 끊긴 꼬리는 놀랍게도
선풍기 날개 돌듯 핑핑핑핑 잘도 돌았다
단박에 모든 걸 잃어버린 막막함 때문이었겠으나
한참을 지난 시간을 되감다 멈춰 섰다
꼬리 어디에 저런 힘이 내장되었던 것일까
몸과 꼬리는 한 몸이었으니
피가 도는 길도 한 길이였을 터
몸통도 꼬리를 잃고 한동안 중심이 흔들렸으리라

나도 그랬다,
행복과 슬픔이 한 몸이었던 나의 사랑 중에
어느 날 갑자기 사랑의 동력이 끊긴 날
불 나간 빈집 같은 캄캄한 마음 때문이었겠으나
나는 추억의 안팎을 바람개비처럼 돌고 돌아주었다
내가 나를 돌아주었을 때 삶도 사랑도

다 제 살점 떼어내는 아픔이란 걸 알았다
잠시 허기진 마른 입술로
나를 살다 간 맨몸의 그녀는
등짝이 유난히 반짝이던 미끈도마뱀이었다

변산바람꽃 1

너를 건너느라, 하마터면 나를 잃을 뻔했다

변산바람꽃 2

이 봄이 가면
그 누구 하나 찾는 이 없거들랑
내 눈썹으로 이사 와 살아라
내 눈썹은 숯검뎅이 지리산은 못돼도
변산은 족히 될 터이니
그래,
직소폭포를 데리고 내 눈썹에 와 살아라

눈빛 참한 그대여,

아내의 기도

아내를 작게 보자면 집안의 종교이지요
공손한 손과 낮은 이마 앞에선
어떠한 불안도 안도가 됩니다

세상에 하나밖에 없는 정원이지요
환하고 맑은 그 안에서
나는 나대로 아이들은 아이들대로
생각 없이 꽃피고 뜻 없이 열매 맺습니다

잘못 산 게 많은 나에겐
어느 것 하나 부족함이 없습니다
바람과 햇빛 속에 넝쿨 진 장미입니다
작약이 작약작약 비를 맞는 유월 아침입니다
있을 곳에 있는 싱그러움이지요

평생 의지할 곳도
아내라는 것을 최근에서야 깨달았습니다
비스듬히 우주를 받치는 아내의 묵상이

매번 비뚤어진 나를 바로잡아 줍니다

지금까지 나의 노래는
아내의 기도에서 왔으며
나에게 닥친 불행도
아내의 기도 속에 잠들었습니다

나의 유일한 희망은
평화와 안식을 아는 일
마음의 둘레가 넓어지는 어리숙한 사람입니다

아내의 앞치마엔 기도가 마를 날 없습니다
기도가 길어질수록
나노 나 자신을 만지는 날이 많아졌습니다
나는 더 수굿하고 헐렁헐렁해집니다

나는 시간보다 빨리 간다

  나는 시간보다 빨리 간다 시간 위에 시간을 덮으면서 시간은 질주해 온다 태어나자마자 팔 개월 된 미숙아로 너는 시간에서 뛰어내렸었다 한 번도 가본 적 없는 내 안의 길을 나는 시간보다 빨리 간다 고인돌 앞에서도 나는 필사적이다 처음 집을 떠나 객지를 떠돌 때도 너는 시간보다 빨리 갔었다 소걸음으로 나는 시간보다 빨리 천 리를 간다 달리는 말꼬리를 붙잡고 나는 시간보다 빨리 간다 뒤돌아보고 싶은데 맹렬히 뒤돌아볼 수가 없었다 섬에서도 나는 시간보다 빨리 간다 사막에서 기차를 타도 너는 시간보다 빨리 갔었다 시간의 톱니보다 바퀴보다 나는 빨리 간다 어떻게 왔는지도 모르게 나는 시간보다 빨리 간다 시도 때도 없이 밑도 끝도 없이 나는 시간보다 빨리 간다 차를 가지고 걸어서 나는 시간보다 빨리 간다 낮이 어두워지도록 눈 부릅뜨고 나는 달린다

  나는 시간보다 빨리 간다 브레이크를 밟으면서 시간보다 빨리 간다 빨간불 앞에서도 너는 시간보다 빨리 갔었다 절집에서 만난 시간보다 더 느린 속도로 나는 시간보다 빨리 간다 마음이 머물고 싶은 자리에서도 너는 언제나 시간보다 빨리

갔었다 너에게로 가는 길에서도 나는 시간보다 빨리 간다 나는 밤이 환해지도록 지칠 줄 모르는 시간보다 빨리 간다 어디로 가는 줄도 모르면서 기를 쓰고 너는 시간보다 빨리 갔었다 평생 내 안의 길을 따라 도착도 없이 도착 중이다 내 안의 진창길을 너는 통과할 수 없어서 나는 시간보다 빨리 간다 내가 가진 모든 시간을 소모하기 위해 나는 전력을 다한다 과거의 너는 현재의 나와 맞교대하며 내일을 달릴 것이다 나를 천천히 죽이면서 시간의 초원을 달리는 전철처럼 쿵쿵쿵쿵, 쿵쿵쿵쿵, 내 안의 너를 풀어놓을 것이다

그대 이름에 밑줄 그으면

그대 이름에 밑줄 그으면
변산이 떠오릅니다

밑줄에서 이월 마지막 날에 부는 바람이 일기도 합니다

변산은 시린 옆구리를 그대에게 내어준 지 오래고

그대 이름을 배운 후부터 외로웠던 나는
바깥 너머 멀리에서 이른 봄을 쓸쓸히 앓습니다

내 심장 가까운 곳에 살고 싶다던
변산바람꽃

그 이름에 밑줄 그으면 앓던 봄도 환해집니다

제4부

직소폭포

너를 보는 순간, 메말랐던 내 마음에 피가 도는 듯했다

山 냄새가 때 이른 여치 울음으로 찌르르르 했다는 것이다

늙다리 총각 고 씨

술상 엎듯
한세상 흥청망청 엎어먹고 빈털터리로
고향에 내려온 고 씨

쉰을 훌쩍 넘긴 그가
고씨 집안의 장남인 그가
말라비틀어진 노가리보다 더 꼬질꼬질한 모습으로
노상 술에 절어 산다

담배 한 대 씹어 물고 동네 마실이라도 나서면
울타리 너머로 막걸리가 오고
담배가 오고
흐득흐득 소가 웃고
자다 깬 똥개 꼬리치고

보란 듯이
정성으로 막걸릿잔을 받쳐 들고
목울대 씰룩이며 들이키는

저 천연덕스러움이라니,

세상을 외면한 듯
물덤벙술덤벙
참말로 꾀죄죄하니
아고똥 한,

그러니까, 술이 밥인 사람

격포(格浦)

더는 꿈만으로 삶을 진행한다는 것이 부질없을 때
나는 서쪽이라는 격포에 가요 격포에는
연인과 함께 오면 이별한다는 슬픈 전설이 살아요

옥양목 빨랫줄을 팽팽하게 당겼다 놓치는 파도 위
괭이갈매기를 보며 방파제를 걸어요
빨아들였다 뱉어내는 세상일들이
무차별 부서지고 부서져요

검은 파도 속에 성난 꿈들이 보여요
번뜩이는 야성의 이빨로
악을 악을 절벽 밑을 물어뜯어요

상처 난 영혼에 가슴 묻으러 나는 격포에 가요
 격포는 연인끼리 노을을 보며 격하게 포옹하는 곳이기도
하지만요
 늘상 그래요, 삶은

나보다 꿈이 먼저 부서지는 격포,
꿈이 나보다 먼저 절망하는 격포,
길이 끊긴 곳에서 희망을 버리면 파도가 되는 것이 보여요

갈 곳 없이 한곳에 모여
아직 익사하지 않고 길길이 날뛰는 꿈들을
그물을 던져 건져 올릴 수 있을까요

늘 사는 일이 힘들고 무언가에 부대낄 때
뻘 속에 낙지처럼 숨구멍만 내놓고
끝내 세상 밖으로 나서고 싶지 않을 때

나는 채석강에 있어요
딱히 가슴 아픈 이별 없이도 나는 이토록 목이 메요
나를 버린 내가 등대가 되어 점멸등만 켠 채
격포, 격포, 가슴 치며 먼 수평선만 봐요

깨꽃

"야야 깻잎김치 담가 놨다, 니들 입맛에 맞을랑가 모르것다." 이른 아침 갑골이 다된 노인네한테서 쩌렁쩌렁 전화가 왔더란다.

전북 부안군 보안면 매상마을에 아흔을 훌쩍 넘긴 홀몸 노인네가 살았더란다. 장마가 끝나기 전 어느 날 마을회관 점 십의 민화투 판을 젊은 노인들한테 슬그머니 물러주더란다. 죽음을 코앞에 둔 꼬부랑 노인네, 무슨 생각에선지 수건을 머리에 뒤집어쓰고 마당 한가운데로 나서더란다. 30평 앞마당을 한 바퀴 삥 둘러보더니, 이 삶에서 얻은 기운 이 삶에 다 쓰듯 마당을 파 엎더란다. 하늘도 놀라고 마당도 기겁하여 저만치 달아났다 돌아오더란다. 하루아침에 마당을 잃은 집은 노발대발 삿대질을 해보았지만, 노인네는 콧등으로 받아치며 잡초들을 마당 구석 밖으로 내몰더란다. 내친김에 마당을 넘어 골목 갓길까지 파고 또 파 엎더란다. 그러더니 어디서 구해왔는지 들깨 모가 마당 가득 들어찰 때까지 엉덩이가 온 땅바닥을 훑고 다니더란다. 금세 파란 물이 벙벙히 들어찬 방죽이 되더란다. 방죽이 모자라 파랑파랑파랑파랑 깻잎 파도가 넘실거리더란다. 넘실거린 파도가 골목까지 도랑을 이루며 흘러가더란다. 그때서야 신이 난 마당도 덩달아 대낮같이 환한 깨꽃덕석을 깔아놓더란다. 벌 나비들도 이때다 싶어 여러 날째 잔치를 벌이다 깨꽃 향기 따라 팔랑팔랑 여름을 노 저어 가더란다. 풀벌레 소리 깨알로 또록또록 여물어 갈 무렵 깨벌레가 다된 노인네, 신경통 앓던 다리 퉁퉁 부어오른 것도 모른 채 마당에 앉아 밤새 달빛을 털더란다. 다음날 아침 부랴부랴 줄포 오일장에 다녀와 자식들한테 먼저 수화기를 들더란다.

"야들아, 들깨지름이 사람 몸에 그렇게 좋단다." 이생에서 얻은 삼만 평 다랑밭 얼굴에 낯꽃이 벌어 온 동네가 꼬순내로 진동을 하더란다.

간지럼 타는 나무

  나는 온몸이 민감한 그녀를 알고 있지

  여름 한낮 구멍 난 난닝구에 반바지 차림으로 땡볕 더위를 피해 다니다 보면 눈에 확 띄는 여자가 저 혼자 웃고 있었지

  늘씬 날씬한 그녀가 속살 훤히 들여다보이는 분홍 드레스를 입고
  괜히 쓸쓸한 척 비스듬히 담장에 기대 살살 꼬드기는,
  그렇다고 내 마음을 통째 뒤흔들지는 않는, 그 간드러지는 웃음소리가 나는 마냥 좋았지

  격포에서 불어와 변산을 건너는 동안 혀가 길어질 대로 길어진 건들바람이
  시도 때도 없이
  핥고,
  빨고,
  간질간질 간질간질 몸속으로 자꾸 들어올 때

그녀는 얼마나 온몸이 간지러웠을까나
이빨 부러져라 웃음을 참아냈을까나

아니지, 아닐지도 몰라,
살구꽃보다 복사꽃보다 덜 되바라진 여자라 할지라도
목젖을 치고 올라오는 웃음을 어찌 참아냈겠어

조개처럼 입술이 얇은 얼굴엔 금세 화색이 돌았겠지
아마 평생 철들지 않을 것처럼 깔깔거렸을지도 몰라

그렇지 않고서야, 어찌 그녀의 웃음에서 내 젊음이 다시 되살아날 수 있었겠어
그렇지 않고서야, 어찌 백 일 동안을 해맑아져서 웃음의 주변을 이렇게 어정대고 싶었겠어

나는 그 누구보다도
부안이 고향이라는 그녀를 잘 알고 있지

삶이 때로 까닭도 없이 외로울 때면
이따금 손가락 휘슬이나 불어제끼며 보란 듯 티켓 기생쯤
돼 보이는 그녀에게 달려갔을 거야

한 손엔 새우깡 봉지를 들고
다른 한 손엔 소주병 들고

웃는 동안은 늘 새것 같은 그녀와 쭈그리고 앉아 소주잔을
홀짝이다 보면
그녀에게도 어둠이 있을까 하고 궁금해져서 벌룽벌룽 가슴
이 뛰기라도 한다면

바람기 많은 잡놈인 나는
농담 반 진담 반
그녀의 손목을 잡아끌고 화물선 짐칸에 올랐겠지

우리가 찾은 고슴도치섬 옆구리 어디쯤 바다를 본 적이 없
다고 호들갑 떠는 그녀에게 최우선적으로 초고추장 찍어 바

다의 단맛을 보여준 뒤
   불구덩이 칠산 바다 노을을 눈으로 되작거리다가 문득 가슴이 뜨거워진 언어로 밤하늘 별똥별에게 말을 걸겠지

   괜스레 내 가슴에도 너울성 파도가 일고
   그녀의 어둠도 철썩철썩 풀어져 썰물은 지고

   다행히도 자신의 상처에서 웃음을 꺼낼 줄 아는 여자라서
   마지막 갈라설 때에도 뒤탈은 없을 것이라 나는 믿겠지

   파도가 파도를 불러들이듯 웃음이 웃음을 부르는 그녀의 세상은 눈부셨지
   기분 좋은 날에도 크게 웃어본 적 없는 나를
   시도 때도 없이 자지러지게 했지
   온몸이 귀를 열고 쫑긋거리게 했지

   끝내는
   내 죽음도

내 삶도

저렇듯 철없이 웃음을 뒤집어쓰고 간지러워졌으면 싶지
탄력적으로 간드러졌으면 싶지, 하고 한철을 터무니없는 상상을 하곤 했지

귓속을 구르는 그녀의 웃음 참아내는 동안

화무십일홍

 햇볕과 매화만 가득한 채소밭에 누가 다녀갔네요. 허공에 노를 저어 나아간 흔적 또렷했어요. 그는 분명 무릉도원을 찾아 변산 바다를 막 건너왔을 것이지만, 구름을 타고 왔는지 바람을 타고 왔는지 통통배를 타고 왔는지는 묻지 않았어요. 수수하게 차려입은 그는 이생의 봄날이 처음인지라 약간의 지친 날개를 접었다 폈다 했을 겁니다. 그가 앉은 자리마다 꽃자리였으므로, 한없이 자유로운 그는 향기로운 꽃술에 입맞추며 이 꽃에서 저 꽃으로 물씬 비린내 나는 풍문을 옮겼을 거예요. 진종일 자욱한 꽃향기에 젖어 꿈인지 생시인지 허둥지둥 헤집고 다니기에 바빴겠죠.

 그는 무릉도원을 관리하는 상근직원입니다. 이제 막 터트린 천진한 꽃들에만 노골적으로 본색을 드러내죠. 동그랗게 말린 빨대를 빳빳하게 세운 뒤 감탄사로 빨대를 꽂고 감탄사로 사랑을 빨죠. 그때마다 꽃봉오리가 진저리치며 활짝 피어났어요. 내 눈에 붙들린 그는 서 말의 향기와 닷 되 가량의 사랑을 꿀로 가져갔을 겁니다. 눈물 많은 목련은 분노하고 앙탈을 부려보지만 금방 순해져요. 명자는 가렵다고 말하고 라일

락은 시원하다고 말했어요. 그들은 애인인 듯 불륜인 듯 봄의 널따란 공원에 모여 앉아 키득키득 웃음을 흘려요. 행인들은 그들의 자발적인 표정을 보고 참 좋아했다지요.

꽃들의 속내를 너무도 잘 아는 그를 더는 말릴 순 없었어요. 참다못한 나도 그를 따라 호객꾼이 되어 매일매일 팔랑거렸답니다. 내 안의 호기가 발동한 거죠. 이제 그만 잊어도 될 성싶은 스마트폰에 핀 꽃들에게 카톡을 날렸죠. 주머니를 털어서라도 지난봄 따지 못한 사랑을 좀 따볼까? 하는 달달한 생각을 잠깐 폈다 접었는데요. 이젠 저만의 어지러운 세상을 살까 봐요. 생각해보면 내게로 가는 길은 멀기만 하고 이 계절은 사랑할 게 너무 많아서 반성할 것도 많아요. 호들갑스러운 나의 봄날은 다른 계절에서 빌리거나 꾸어온 것들로 눈부셨죠. 어제는 만화방창 예배당에서 고요히 날개 손을 접고 당신을 빌어요.

화무는 십일홍이었지만, 남발한 봄날 때문에 나는 한층 피가 맑아진 느낌이에요. 꽃을 거느린 그는 얼마나 흘러 다녔는지 누구를 만났는지 알 순 없지만 풍만한 모란은 더 착해졌으며 작약은 환호작약했다지요. 수척한 몸으로 어질러 놓은 봄날을 책장 넘기듯 팔랑, 하고 여름으로 빠져나와 덩굴장미에게 편지를 쓰고 또 가을로 건너가 들국화를 만나기에 바쁘겠죠. 그 사내 날개 수첩에는 아직 주고받을 전화번호가 몽골몽골 피고 있으니까요. 참, 봄날의 미투(美鬪)는 투닥투닥 사방에서 피겠죠? 아, 저요. 저는 육체가 시들기 전 없는 애인을 만나거나 몽상가가 되어 안견의 몽유도원도를 한 십 년 거닐어 볼까 합니다만.

내 눈썹은 변산이다

 연사흘 장대비 쏟아진 뒤, 불현듯 직소폭포가 궁금해졌습니다. 흠뻑 젖은 변산은 잔뜩 웅크린 채 몸 바깥으로 물소리를 쏟아내고 있었습니다. 온 산을 끌고 내려오는 물소리를 따라 오르며 보았습니다. 백천내 저 혼자 그 많은 물소리를 가까스로 받아내고 있었는데요. 격포 앞바다는 벙벙히 불어난 제 살로 가슴이 한층 풍만해졌겠습니다.

 꼿꼿이 서 있기를 좋아하던 서어나무도 물소리를 피해 허공의 손잡이를 움켜잡고 산등성이를 오르고 있었고요. 직소폭포도 흰 도포자락 길게 펼쳐놓고 득음이라도 하려는 듯 소리꾼이 되어 줄기차게 적벽가 완창에 빠져 있었습니다. 판소리 한 대목 듣느라 날 저무는 줄 몰랐는데요. 그 소리는 집에 당도할 때까지 공명처럼 나를 따라다녔습니다.

 그 질기고 질긴 소리는 꿈속에서까지 똬리를 트는 것이었는데요. 믿기지 않겠지만, 그 소리는 내 눈썹에서 나는 소리였습니다. 그 후 검고 무성해져만 가는 내 눈썹을 나는 변산이라 여기며 살게 되었습니다. 한쪽 눈썹에는 직소폭포를 두고 또 다른 한쪽 눈썹에는 의상봉을 업어 키우기 위해 오늘도 해와 달은 내 눈썹을 들고 납니다.

매미와 초록 구두

초록 구두가 공원 한복판을 콩콩 가로질러 가고 있었지
놀이터 저 혼자 시소를 가지고 놀고 있었지
분홍 양산 위로 매미 울음소리
한철 소낙비로 쏟아졌지

소낙비를 다 맞고 초록 구두는 어딜 가는 걸까?

정오 35분 한낮이었지
초록 구두가 느티나무에 이르자
소낙비 뚝! 그쳤지
은행나무를 지나자 다시 쏴아! 하고 쏟아져 내렸지

소리가 소리를 업어 키우는 소리비 폭포 공원이었지
이따금 누수 된 소리를 받아내던 모과나무가
벌레 먹은 주먹 모과 하나를 땅바닥에 내던지고
한바탕 우렛소리로 웃었지

달뜬 마음 주체할 수 없는 초록 구두는

빨간불로 바뀐 횡단보도를
도레미파솔 건너고 있었지

구암리 고인돌*

*

죽음이 한데 모여 살고 있다
밤이고 낮이고
불이 들어오지 않는 저 어둡고 습한 돌무덤에는
내 안의 피가
내 아버지의 문드러진 살이
내 할아버지의 삭은 뼈가 기록되어 있다
술 한 잔 따라 올리고 싶은
죽음을 고인 돌

*

열한 마리 돌거북 가족들이
천년도 더 넘게
한 발짝도 떼지 않고
먼 길 가고 있다

언제부터 시작되었던 것일까 거북스럽게,

평생 갈 곳도 없으면서
시간이 지칠 때까지
천 리를 가고 있다

    *

나는 문득 생각해본다 내가 들어와 갇힌 이곳엔 죽음의 시작에 가닿는 문이 있어서

잿빛 상복 입은 구름이 늘어서 곡(哭)을 하고 밤새 비는 雨雨雨 눈물 흘리다 가고 어쩌다 달이 조문객처럼 들렀다 가는 곳

아득한 먼 곳으로부터 나이 많은 무덤이 시간의 간이역을 건너오고 건너오고 건너와

다음 간이역에 도착할 때까지 바로 앞에서 쿵쿵쿵쿵, 쿵쿵쿵쿵 지나가는 지하철처럼 번쩍번쩍 부싯돌 당기면서

*

벙벙히 고인 시간이 있다

흘러가지도 못하는 저수지가 하나의 물방울인 것처럼

오래된 시간은 깊이를 잴 수 없어 맨 아래에서 시커멓게 늙고

지금 시간은 넓이를 잴 수 없어 맨 위에서 퍼렇다

수천만 년의 고요를 휘휘 장대로 저어본다

아무도 알아채지 못한 시간이 고여 썩어가는

여기보다 깊은 바닥은 없으리라

---

*전북 부안군 하서면 구암리에 청동기시대의 대표적인 남방식 고인돌군이 있다.

자갈들은 자갈자갈 웃는다

해변에 둥글게 앉아 웃는 착한 돌이다
저 적벽강이 몸을 씻겨 반들반들한 콩돌들을 보라
눈으로 듣고 귀로 흥이 나는 저 풍경 하나를 보라
파도가 밀쳐와 거품 목욕을 시키는 사이
그때 잠깐, 돌들의 웃음소릴 들을 수 있다
그때 잠시 잠깐, 돌들의 맨발을 볼 수 있다
파도가 콩돌들을 물가로 불러들여
첫 손주를 본 할아버지라도 된 양 물 손바닥 위로
섬마섬마를 해주고 있다
첫째 아이를 둔 엄마인 양 두 손 내밀어
이리와, 이리와, 야단야단이다
어린 맨발들은 발발발발 파도를 따라가는 시늉을 한다
그때마다 바지락 씻는 소리로 형형색색 웃는다
그 짓을 파도와 콩돌들은 천만 년 동안 해오고 있다
맑은 물소리 따라 다 닳아서 없어질 때까지
없어져 다시 큰 바위가 될 때까지
돌돌돌돌 저 연습은 계속될 것이 분명하다
파도가 콩돌들을 홀려 데리고 갈 요량으로

밤낮없이 걸음마를 가르치고 있다
거품 물고 가르치고 가르치고 있다

퇴고

1
살이 서로 맞닿은 양파는 물러진다
바람벽에 양파를 걸어두고 무관심한 사이
들끓는 고요는 그렇게 시작되었을 것이다
모두가 잠든 시간에도
신음 소리 한번 없이 문드러졌으며
모두가 깨어있는 시간에도
울음소리 한번 없이 썩어갔을 것이다
어느 날 그의 몸을 만져보니
폭삭, 가슴부터 주저앉았다

2
껍질뿐인 빈 몸에 푸른 싹이 자라고 있다

들끓는 고요가 푸른 정신을 키워냈구나

제 살 뜯어 먹고 사는 게 시인이라면

매운 시는 저런 정신에서 나오겠다

날마다 몸집만 불리는 나는 멀었다

몇 년째 벼리고 벼려 눈이 아리도록 써온

내다 버려야 할 시(詩)가 양파망 속에 그득하다

지퍼

하늘 밑과 바다 끝 그 경계가 아득한 저물녘이다

수평선 따라 통통배 한 척 천천히 지나가고 있다

멀리 벌어진 쪽부터 하루가 캄캄하게 채워지고 있다

해설

인고(忍苦)와 수심(修心)의 시학

백인덕(시인)

1.

시를 일종의 '기록'으로 이해하자면, 미시사(微示史)의 범위 안에서 다룰 수밖에 없다. 그러면 그 기술이 사람 중심(기전체)이냐 연대별 변천(편년체)이냐 일회성 사건의 구체화(기사본말체)냐를 우선 생각해볼 필요가 있다. 아니, 없다. 한 개인사를 거대 서사처럼 기술 양식까지 바꿔가며 기록할 리가 만무하기 때문이다. 그러나 기록으로 본다는 관점은 중요한 함의가 있다. 그것은 일정 부분 '표현'의 위력을 무시하고, 그 장막 안의 사정에 관심을 기울이겠다는 뜻이다. 또한 어떤 변화의 원인과 현상까지 다 이해하고자 하는 바람의 의지적 표출이기도 하다.

김기찬의 이번 시집의 작품들은 기록은 기록이되 역사적인 그것이 아니라 마치 익숙하지만 낯선, 혹은 잘 알지만 생경한 지역의 지리지(地理志)처럼 다가온다. 일반 지리지가 특정 지역의 형세와 특징을 주요 기술 대상으로 삼는다면, 김기찬 시집의 시는 그 지역의 인물과 상품과 교류 등 생활상을 더 자세히 기술한 인문지리에 가깝다고 할 수 있다. 제안하자면, 인문이 아니라 육신(肉身)의 지리지라고 칭할 수도 있지 않을까. 물론 이 용어 또한 '육체'라고 하면 '정신'과의 대비가 너무 두드러지고, '몸'이라 하면 근친(近親)과의 관계가 휘발되는 느낌이 강해 궁여지책으로 붙인 명칭일 뿐이다.

시인이 이 지리지를 기술, 편찬하는 이유는 "삶을 견딘다는 것은 마음을 닦는 일과 같"(「멀리 달을 보는 사람」)다는 일반 진리를 널리 알리고자 하는 목적과 그 자신으로서는 "바닥의 높이는 얼마나 아득한가.//이제 겨우 뒷짐 지고 멀리 달을 보게 되었다."(「시인의 말」)라는 사실 확인 때문으로 보인다. 인고(忍苦)와 수심(修心)이 같다는 것은 단순히 표현의 등치가 아니라 어떤 인식의 결정, 어쩌면 지혜의 범주에 속하는 것이다. "아직 몇십 년은 더 올라야 하는 생의 절개지"(「바닥의 높이」)로, 즉 생을 갑자기 직벽 앞에 몰아세운 김기찬 시인의 사태에 먼저 귀 기울여 본다.

　　마음을 다치고 맘 조리 하느라

몇 년째 눈 시리게 매화를 들여다보지 못했다
한 사흘만 딱 사흘만 조용히 앓다가 일어나려 했으나
서너 알의 이빨이 사리처럼 쏟아졌다
그러는 사이 많은 것들이 안팎으로 나를 다녀갔다
뼈아픈 절망이 갔고,
치욕이 왔고,
증오가 갔고,
다시 악에 받친 분노가 치밀어 왔고,
손가락이 길어질 대로 길어진 세상은 나를 죽일 놈으로 내몰았으므로
해변에 밀려온 통나무처럼 마르거나 젖은 채로 한 시절을 견뎌야 했다
한번 상한 마음을 다시 일으켜 세우기란
한 주먹의 모래알을 씹기보다 한 말의 소금물을 마시기보다 어려웠으므로
여러 해가 지나갔고 내색은 안 했지만 그녀의 말도 아프게 잊혀졌다

─「찻잔에 매화가 오면」부분

어떤 사건이 있었나 보다. 사실, '구체적 사건'은 아무 의미도 없다. 그것은 육신의 심각한 부상이나 질병이 아니라 '마음'을 다친 '상심(傷心)'이었다. 그래서 "한 사흘만 딱 사흘만

조용히 앓다가 일어나"리라 스스로 요량했다. 하지만 사태는 예상과는 달리 흘러 '절망, 치욕, 증오, 분노'와 같은 어둡고 억센 감정들이 "안팎으로 나를 다녀갔"던 것이다. 인용하지 않았지만, 시인이 "몇 년째 눈 시리게 매화를 들여다보지 못했다"는 진술은 '봄'이 올 때마다 자학이라는 방법으로 그 봄을 견뎌내는 것 외엔 도리가 없었음을 토로한다.

이 작품에서 "몇 년째 눈 시리게 매화를 들여다보지 못했다"라는 부분은 시인이 시집 뒤표지에 적은 "내가 다시 매화를 보는데/내가 나를 보는 데 꼬박 7년이 걸렸다"는 진술과 호응하여 최소한 시인이 스스로 상심에서 벗어났음을 암시한다. 나아가 '7년'이라는 기간을 '선퇴(蟬退)'로 치환하여 이후 마음을 닦는 삶의 상징으로 형상화해 드러내는 탁월한 시적 능력을 보여준다.

아마도 그 '7년'은 "봄은 피었다 지는 일이 계속되었지만/바다를 건너는 나비처럼 봄날의 깊이를 다 건너기 위해서는/더는 비열해지지 말자고, 모든 것이 나의 잘못이라고/나는 나에게 주먹가슴질을 해대며 쌍시옷의 욕을 내뱉어야만 했"(「찻잔에 매화가 오면」)던 시기였나 보다. 하지만 견디고 나니 "7년 막장의 긴 터널을 뚫고 날아간 흔적"(「선퇴(蟬退)」)만 눈물겹게 남았다고 시인은 토로한다. 이런 인식은 자학을 통해서 일시적으로 해소할 수 있는 슬픔이 아니다. 이제 시인의 슬픔은 맹렬한 울음에 가닿아 마음껏 울 수 있는 구원의 슬픔을 느끼는 지경에 이른다. 이는 "아무래도 저 질기디질긴 울음 끝은 내 생의 밑바닥에 가닿을 것이다 거기, 내 울음집인 어머니 지금도 거적때기 몸으로 바싹 풍화되어 있을 것"(「선퇴(蟬退)」) 임을 더는 외면하지 않는 데서 비롯한 결과이다.

> 어쩌면 지금 저 눈물 마른 쇳소리 울음은
> 12년 동안 투쟁해온 KTX 해고 노동자들의 한 맺힌 울부짖음이거나
> 세계 최장기 굴뚝 고공농성을 이어가는 박준호 씨와 홍기탁 씨가
> 하늘에 외치는 처절한 절규는 아닐는지
>
> 두렵고, 두려워서
> 아무도 거들떠보지 않고, 아무도 듣지 못하는 세상에게
> 목청 터져라, 온몸으로 내지르는
>
> 그래서 작년에 울고 갔던 매미는 죽은 뒤에도 울고
> 내년에도 울음으로밖에 살 수 없다고
> 슬픔이 늘 목에 걸려
> 우리 동네 매미는 뼈저리게 모음으로만, 모음으로만 울어쌓는다
> ―「우리 동네 매미는 모음으로 운다」 부분

비약을 감수하면, 김기찬 시인에게 있어 '매화(홍매화)'가 '마음을 닦는 일'의 전후, 혹은 그 경지와 관련한 상징물이라면 '매미'는 '삶을 견디는 일'의 어려움과 그 의지의 상징물이라 할 수 있다.

위의 작품 이외에도 매미는 "아스팔트가 패이도록 철근이 내지르는 마찰음"(「매미네 철근공장」)을 견디며 철근을 나르는 '철근공'이고, '삼복염천'에도 "아스팔트길이 패이도록 쇠사슬을 끌며 저 깊디깊은 허공 속 울음을 퍼내고 또 퍼내는"(「선퇴(蟬退)」) 노동자로 등장한다. 여기서 더 나아가 매미는 "12년간 투쟁해온 KTX 해고 노동자"와 "세계 최장기 굴뚝 고공농성을 이어가는" 파인텍 노조원과 겹쳐지다가 "슬픔이 늘 목에 걸려" 온전한 소리조차 내어 지르지 못하고 "뼈저리게 모음으로만, 모음으로만 울어쌓는" 존재가 된다. 삶의 신산(辛酸)에서 구체적으로 자신의 가치를 인정받지 못하고 소외되는 존재의 표상으로 자리매김 되는 것이다.

2.

김기찬 시인에게 있어 '울음의 발견'은 아무리 매화가 와도 어둡게 나를 휘감았던 '절망, 치욕, 증오, 분노'의 장막을 갈가리 찢어내는 최고의 수단 혹은 방식이다. "어……!/저것은 그

야말로 기적(奇蹟)이다"(「참기름 비명」)라고 소스라치듯 외칠 수밖에 없는 사태의 역전인 것이다. 앞에서 이미 언급했지만, 재난이 닥쳐 상심한 상황에서 겪는 슬픔의 눈물은 '질기디질긴'이란 성질을 획득할 수 없다. 그것은 툭, 툭 끊어지며 맥없이 떠올랐다 가라앉기를 반복하는 고약한 습성 이상으로는 절대 발전하지 못한다. 반면에 상심을 털어내고 말 그대로 환골탈태하기 위해 겪는 구원의 슬픔에 찾아오는 울음은 생의 밑바닥에까지 닿아 자기의 근원, 혹은 기원을 탐색하고 그 힘을 되찾고자 하는 의지를 길어 올린다. 이때 '울음'은 '밥과 씨'라는 구체적 형상을 빌어 드러난다.

> 알다시피 가장이 허겁지겁 먹는 밥 한 톨에는
> 어린 자식이 있고
> 아내가 있고 한 가족이 있다
> 백수가 먹는 밥도 마찬가지다
>
> 다시 말하자면, 설익은 밥이든 진밥이든
> 입천장이 다 해지도록 먹어야 한다
> 먹어 똥이 될 때까지
> 코피가 흐르도록 밤샘 작업을 하고
> 코피가 멈출 때까지 할부금도 갚아야 한다

똥이 밥이 될 때까지
연애질도 해야 하고 결혼식에도 가야 하고
장례식에도 가야 한다

그래서 힘주어 싸는 똥 덩어리에는
밥벌이 나가는 가장의 피가 섞이기 마련이지만

어떻게든
밥은 웃으면서도 먹어야 하고
울면서도 삼켜야 한다

―「밥심 거룩」 부분

  주지의 사실이지만, 이번 시집에 등장하는 '밥'은 제유다. 가령, 「어머니와 호박잎」에서 "손바닥 위에 푸른 손바닥 하나를 더 펴/밥 한술 위에 쌈장 얹고/한입 가득 턱 빠지게 욱여넣는데/통통한 풀벌레 울음소리와 이슬방울이 톡, 톡 터져/달크므레한 어머니의 품내가 입 안 가득 퍼지는 것"은 '모정(母情)'을 구체화하기 위해 사용된 제유고, 「눈으로 먹는 밥·2」에서 "머리칼 하얘져 절반은 무덤이 된 내가/마른 뼈 삭아 절반은 흙이 된 어머니/곁에,//무릎 꿇고/한 숟갈 푹 떠 먹여드리고/한술 더 떠서 억지로 먹여드리고 싶은/저, 따끈따끈한 고봉밥"은 '효심(孝心)' 혹은 '회한'을 표현하기 위해 사용된 제유다. 이와는 조금 결을 달리하는 경우가 바로 위의 인용 작품이라 할 수 있다.

이 작품은 단순히 '밥'을 제유로 사용한 것이 아니라 '밥+심(힘, 씨앗)'이라는 형태로 변용하여 사용하고 있다. 특히 전반부에서 '밥'은 생활 대책을 구하는 어려움이라는 의미를 보여주지만, 후반부에 이르면 "어떻게든/밥은 웃으면서도 먹어야 하고/울면서도 삼켜야 한다"는 일종의 숙명성을 전제로 "인간이 지구상에 처음 출현한 이래/삶과 죽음에 관한 한 지금까지 밥과 똥으로 요약되어 왔다"는 일반론으로까지 발전한다.

이번 시집에서 '밥'과 같은 쓰임을 갖는 상징 어휘를 찾자면 '씨'라고 할 수 있겠다. 가령, 「씨 할 놈」의 "말의 씨앗"이 "메마른 세상에서/파릇파릇 힘줄 돋아/불끈 쌍것인 나를 여직 키워내고 있다"는 인식이 그렇고, 「씨감자」의 "교전 기록들을 꽃으로 대물림하며/누대에 걸친 인간과의 내전을 설화처럼 이어갈 것이다"라는 연속성의 제유로도 사용되고 있다.

> 1
> 살이 서로 맞닿은 양파는 물러진다
> 바람벽에 양파를 걸어두고 무관심한 사이
> 들끓는 고요는 그렇게 시작되었을 것이다
> 모두가 잠든 시간에도
> 신음 소리 한번 없이 문드러졌으며

모두가 깨어있는 시간에도
울음소리 한번 없이 썩어갔을 것이다
어느 날 그의 몸을 만져보니
폭삭, 가슴부터 주저앉았다

2
껍질뿐인 빈 몸에 푸른 싹이 자라고 있다

들끓는 고요가 푸른 정신을 키워냈구나

제 살 뜯어 먹고 사는 게 시인이라면

매운 시는 저런 정신에서 나오겠다

날마다 몸집만 불리는 나는 멀었다

몇 년째 벼리고 벼려 눈이 아리도록 써온

내다 버려야 할 시(詩)가 양파망 속에 그득하다
          —「퇴고」전문

시인은 이 작품에서 유일하게 시관(詩觀) 또는 시작(詩作)

과 관련한 직접적인 언급을 하고 있는데, 이 또한 '씨'와 무관하지 않다. 그 자체로 뿌리이면서 열매처럼 취급되는 '양파'를 보면서 "제 살 뜯어 먹고 사는 게 시인이라면//매운 시는 저런 정신에서 나오겠다"라는 일종의 깨달음을 얻는다. 이는 '밥과 씨'는 물론 '집'과도 연결되는 중요한 결절점이라 할 수 있다.

> 봄볕 좋은 날
> 토담집 툇마루에 앉아
> 앞마당 홍매화 피는 것 보다가
>
> 혼잣말로
> 귀찮다, 귀찮다, 다 귀찮다 손사래 치더니만
>
> 흰 고무신 한 켤레 보듬고 들어간 뒤
> 제 밥 먹고 제 똥 받아낸다
>
> 살도 바트고 가죽도 쪼그라들었으니
> 저승 문턱에 몸뚱이 뉘였다가 앉혔다가
>
> 생의 비단 고치를 짓는 누에처럼
> 정갈하니 죽음을 가지고 놀고 있다

> 문 밖
>
> 명아주지팡이 홍매화 지는 것 다 보다가
>
> 기둥에 주저앉은 지 오래다
>
> 어머니가 방 안에 있다
>
> ―「흰 방」 전문

  수사적으로 '방'은 '집'의 제유지만, 존재의 거소 혹은 거주성(居住性)이라는 측면에서는 훨씬 더 직접적이고 풍부한 의미를 생산한다. 시인은 「시골집은 안녕하시다」와 「오래된 집」 등의 작품에서는 '어머니'를 집으로 치환하여 그려낸다. 반면에 「고요한 고요」, 「요양병원」 등의 작품에서는 집보다 축소된, 혹은 한정된 공간으로 '방'의 이미지를 사용해 그려내고 있다.

  인용 작품은 "토담집 툇마루"를 공간으로 적시하고 있다. 시간적 배경은 '홍매화 피는 봄볕 좋은 날'로 설정되어 있는데, 이는 시인이 생활이 아니라 심정적인 사태에 더 집중할 때의 순간이라 할 수 있다. 어머니를 근원으로 재발견하여 시인은 상심의 장막을 찢고 새 시간을 받아들일 수 있었다. 그러므로 그 이후의 상실은 상실 그 자체로 아픔이 아니라 생과 사의 본원적 관계를 생각하는 차원에서의 존재론적 한계상황이 되어야 한다. 이를 '흰 방'이라는 제유를 통해 드러내고 있는 것이다.

3.

김기찬 시인의 '육신의 지리지'는 '고향 집'이자 '생명의 기원'인 어머니가 함박꽃나무가 "일 년에 딱 한 차례씩/공들여" 지어 올리는 흰 쌀 고봉밥을 받게 되었다는 사실에서 끝나지 않는다. 오히려 시인의 지리지는 '집과 어머니'라는 근친의 범주에서 벗어나 시인의 과거와 현재, 혹은 육신에 새기도록 가까이함으로써 새로운 미래로 도래하는 '고향(부안 일대)'까지 확산시킨다.

이번 시집에 등장하는 부안 일대의 지명을 열거하면, 변산과 그 앞바다의 위도, 그 옆의 격포, 채석강과 적벽강과 직소폭포, 의상봉과 내소사 그리고 전북 부안군 보안면 매상마을과 전북 부안군 하서면 구암리 등이다. 이들은 단순한 지명이 아니라 시인이 몸에 새기는 어떤 서사의 무대이자 의미이다.

> 죽음이 한데 모여 살고 있다
> 밤이고 낮이고
> 불이 들어오지 않는 저 어둡고 습한 돌무덤에는
> 내 안의 피가
> 내 아버지의 문드러진 살이

내 할아버지의 삭은 뼈가 기록되어 있다
술 한 잔 따라 올리고 싶은
죽음을 고인 돌

— 「구암리 고인돌」 부분

위의 작품처럼 시인의 '육신의 지리지'는 실제 지명과 현존하는 실재들, 그리고 그것을 통해 시인이 삶에 새긴 인고와 수심의 시간이 모두 배어 있다. 그 지리지를 펼쳐 들고 나름의 '순례길'을 계획하거나 실행하는 것은 온전히 독자들의 몫으로 남긴다.

그믐이던 마음이 보름 달빛이나 보자 하여 월명암에 오릅니다 한 발 앞서가던 산새도 숨이 가쁜지 호로록 쪽쪽 호로록 쪽쪽 오체투지로 오르다 쉬고 쉬었다 다시 오릅니다

삶을 건딘다는 것은 마음을 닦는 일과 같겠지요 가슴에 맺힌 혈을 풀고 심신을 안정시키자면 맛이 쓰고 성질이 찬 사람을 만나야 한다고 언젠가 방약합편(方藥合編)이 일러 줬습니다

나를 내려놓고 오래도록 탕약을 달이듯 멀리 달을 바라보는 사람은 지금 아픈 사람이거나, 유독 상처가 많아 누

구를 아프게 하지 못하는 사람이겠지요

  다혈질인 나는 독초로 보자면 마땅히 천남성이거나 각시투구꽃의 눈빛일 텐데요 오늘만은 약으로 쓸 것 같은 달빛에 빨대를 꽂고 호로록 쪽쪽 호로록 쪽쪽 빨고 싶은 밤입니다

  첩첩산중 꿈틀거리며 꼬물거리며 배어든 달빛이 성미가 따뜻하고 독성이 없는 사람 품 같아서, 병든 몸뚱이 말갛게 씻어주는 향(香) 같아서 그믐이던 마음이 열나흘 흐벅진 달빛이 되어
                      —「멀리 달을 보는 사람」 전문

  표제작에서 시인은 '인고(忍苦)'나 '수심(修心)'과 같은 '울음'으로부터 연상되거나 역으로 연상할 수 있는 시절의 존재를 지워낸다. 하여, "그믐이던 마음이 보름 달빛이나 보자 하여 월명암"에 오르는 자연스러움을 향한다. 이 동기에는 억지도 격한 감정의 휘몰아침도 없다. 따라서 그의 산행길은 '오체투지'와 같은 길일지라도 힘겹거나 고난의 길로 그려지지 않는다. 나아가 스스로 '제독(除毒)'의 방편을 제시하기도 하고, 현재의 나를 일반화하여 "멀리 달을 바라보는 사람은 지금 아픈 사람이거나, 유독 상처가 많아 누구를 아프게 하지 못하는 사

람"일 거라는 '달빛'의 가르침을 제시한다. 실제 '달'은 어두울수록 더 밝게 빛난다는 속성 때문에 인도자이자 희생자라는 상징성을 갖는다.

어쨌든 시인은 "그믐이던 마음"에서 출발했으나 '첩첩산중'에서마저 "그믐이던 마음이 열나흘 흐벅진 달빛이 되"는 체험을 했으니, 새로 맑게 씻긴 마음이 매운 시학으로 꽃피길 기대해본다.

시인동네 시인선 173

멀리 달을 보는 사람
ⓒ 김기찬

초판 1쇄 인쇄	2022년 4월 11일
초판 1쇄 발행	2022년 4월 18일
지은이	김기찬
펴낸이	김석봉
디자인	혜이존
펴낸곳	문학의전당
출판등록	제448-251002012000043호
주소	충북 단양군 적성면 도곡파랑로 178
전화	043-421-1977
전자우편	sbpoem@naver.com

ISBN 979-11-5896-549-5 03810

*이 책의 판권은 지은이와 문학의전당에 있습니다.
*양측의 서면 동의 없는 무단 전재 및 복제를 금합니다.
*잘못 만들어진 책은 바꿔드립니다.
*이 시집은 2022년 전북문화관광재단 지역문화예술육성지원사업에 선정되어 보조금을 지원받아 제작되었습니다.